BEI GRIN MACHT SICH IHR WISSEN BEZAHLT

AF150271

- Wir veröffentlichen Ihre Hausarbeit, Bachelor- und Masterarbeit

- Ihr eigenes eBook und Buch - weltweit in allen wichtigen Shops

- Verdienen Sie an jedem Verkauf

Jetzt bei www.GRIN.com hochladen und kostenlos publizieren

Anonym

Analyse des Gedichts „Ir y quedarse, y con quedar partirse" von Lope de Vega

GRIN Verlag

Bibliografische Information der Deutschen Nationalbibliothek:

Die Deutsche Bibliothek verzeichnet diese Publikation in der Deutschen National-
bibliografie; detaillierte bibliografische Daten sind im Internet über http://dnb.d-
nb.de/ abrufbar.

Impressum:

Copyright © 2011 GRIN Verlag GmbH
Druck und Bindung: Books on Demand GmbH, Norderstedt Germany
ISBN: 978-3-656-59527-4

Dieses Buch bei GRIN:

http://www.grin.com/de/e-book/267312/analyse-des-gedichts-ir-y-quedarse-y-con-
quedar-partirse-von-lope-de

Analyse des Gedichts „Ir y quedarse, y con quedar partirse" von Lope de Vega

Félix Lope de Vega Carpio (1562 - 1635) war eine der schillerndsten Dichterpersönlichkeiten des spanischen *Siglo de Oro*. Neben seinem Beitrag zur Entwicklung des Dramas in Spanien ist seine Biografie geprägt von seinen zahlreichen Affären und amourösen Beziehungen.[1] Zweimal verheiratet, ging Lope seine Ehen nur aus Vernunftgründen ein, wirklich geliebt hat er angeblich ausschließlich Frauen, mit denen er außereheliche Liaisons unterhielt, also eigentlich unerlaubte und illegitime Beziehungen. Diese persönlichen Umständen schlagen sich natürlich auch im Werk des Dichters nieder; so handeln viele seiner *comedias* von unglücklicher bzw. unerfüllter Liebe, ebenso wie eine Vielzahl seiner Gedichte, welche unter anderem das Leid unglücklich Liebender thematisieren. Auch das vorliegende Gedicht „Ir y quedar, y con quedar partirse" (erstmals erschienen in den *Rimas*, 1612) beschäftigt sich mit Leid, Verzweiflung und, nach Wentzlaff-Eggebert, auch mit unglückseliger Liebe und dem Trennungsschmerz der beiden Partner.[2]

Formal ist das Gedicht in 14 Versen in vier Strophen aufgebaut, von denen die ersten zwei Quartette darstellen und die letzten beiden Terzette; das Gedicht ist also ein klassisches Sonett. Dementsprechend ist auch das Reimschema gestaltet: In den Quartetten sind umarmende Reime (abba / abba) zu finden, währen die Terzette im Schema cde / cde aufgebaut sind. Die Silbenanzahl der einzelnen Verse liegt recht konstant bei elf, wobei Abweichungen in Vers 1, 5 und 13 zu bemerken sind. In diesen Versen kommen je zwölf Silben vor, in Vers 7 und 14 jeweils 13 Silben.

Inhalt des Gedichts ist, wie bereits erwähnt, die Trennung zweier Liebenden. Auf den ersten Blick jedoch sind nur unzusammenhängende Infinitivformen zu erkennen, die die Objekte für einen Satz darstellen, der in Vers 13 und 14 erst zu Ende gebracht wird. Die Verben beschreiben einen Gemütszustand, der von Inkohärenz und paradoxen Aussagen gekennzeichnet ist.[3] Am Ende des Sonetts wird deutlich, dass diese Gefühlslage bzw. die Taten, die daraus folgen, „weltfremd" sind, d. h. allen vorherrschenden Verhaltensnormen entgegen gehen. Somit liegt hier die Vermutung nahe, dass es sich bei den „weltfremd" Handelnden um Liebende dreht,[4] denn welches andere Gefühl hätte die Macht, Menschen zu derart außergewöhnlichem Verhalten zu verleiten?

---
[1] vgl. Fries, Fritz Rudolf: Lope de Vega. Insel Verlag, Frankfurt/Main 1979
[2] vgl. Wenzlaff-Eggebert, Harald: Interpretation zu *Ir y quedarse, y con quedar partirse*. In: Tietz, Manfred (Hrsg.): Die spanische Lyrik von den Anfängen bis 1870. Vervuert, Frankfurt/Main 1997
[3] vgl. ebd., S. 393f.
[4] vgl. ebd., S. 394

Zentrales Thema des Sonetts ist also die Trennung zweier Liebender. In der ersten Strophe wird deutlich, dass das Auseinandergehen unmittelbar bevorsteht, dass die Partner sich bewusst sind, dass es auch geschehen wird bzw. muss, es aber trotzdem nicht schaffen, sich wirklich vom anderen loszulösen, denn auch wenn sie gehen, sie tragen immer die Seele des jeweils anderen bei sich. Schließlich gehen sie doch auseinander, nämlich in der zweiten Strophe, nachdem vorher schon ihr Leid diesbezüglich verdeutlicht wird. Sie versuchen, die Trennung aufzuhalten, jedenfalls im Geiste, doch sie vermögen es nicht. Die faktische Trennung aber hat zur Folge, dass eben jener paradoxe Gemütszustand eintritt, der oben schon erwähnt wurde, außerdem der Schmerz über den Abschied. Trotzdem fühlen die Liebenden keine Reue. Nach der zweiten Strophe steht die inhaltlichen und auch formale Zäsur, welche typisch für Sonette ist: Die Trennung ist geschehen, und nun wird der Zustand der Liebenden ohne den jeweils anderen beschrieben: Die dritte Strophe handelt davon, dass die nun herrschende Einsamkeit als unendlich lang empfunden wird, während die letzte Strophe sowohl noch einmal das Gefühlschaos der beiden Partner als auch die Wahrnehmung dieses widersinnigen Zustandes, in dem sie sich befinden, durch deren Umwelt thematisiert.

Auffällig ist, dass im ganzen Gedicht kein lyrisches Ich erscheint. Der eigentlich sehr private Inhalt ist unpersönlich verpackt: Das Leid der getrennten Verliebten wird durch Infinitive in einem langen Satz wiedergegeben, wobei diese das Subjekt desselben darstellen. Die einzigen handelnden „Personen", die vorkommen, können an dem Wort „llaman" (V. 13) festgemacht werden: es sind diejenigen, die den Zustand der Liebenden miterleben und als „weltfremd" klassifizieren.

Bei einzelner Betrachtung der Strophen fallen sofort wichtige rhetorische Figuren ins Auge. Gleich der erste Vers ist chiastisch aufgebaut: „ir y quedarse" steht „con quedar partirse" gegenüber. Hier soll die Antithese zwischen (weg-)gehen und (da)bleiben noch deutlicher werden und so unterstreichen, dass sich die Liebenden nicht trennen wollen. Sie entfernen sich körperlich voneinander, jedoch sind sie geistig immer bei ihrem Partner. In diese Richtung weist auch der folgende Vers, in dem die Wiederholung von „alma" besonders heraussticht, und zwar einmal mit der Präposition „sin" und einmal mit „con". Diese beiden Worte kontrastieren ebenso wie „ir"/„partir" und „quedarse", zumal sie hier auch in Verbindung mit diesen Verben stehen. Die beiden Verliebten gehen also und lassen, im übertragenen Sinne, ihre eigene Seele beim jeweils anderen zurück, nehmen aber die Seele ihres Partners mit. Diese Metapher drückt aus, wie nahe sich die Liebenden im Angesicht der bevorstehenden räumlichen Trennung sind: Jeder trägt den anderen geistig bei sich. Vers 2 weist also auf eine sehr enge Liebesbeziehung hin. In den folgenden beiden Versen taucht wieder eine Metapher auf, diese ist angelehnt an eine Episode in Homers „Odyssee". Die Liebenden hören die süße Stimme einer Sirene (V. 3), sind also einer unwiderstehlichen, aber auch unerreichbaren Verlockung ausgesetzt, nämlich der, zusammen zu sein bzw. im gegebenen Kontext, sich (noch) nicht trennen zu müssen. Jedoch ist dies – zumindest im Moment - unmöglich, den sie können sich nicht von dem Mast („árbol", V. 4) loslösen, an den sie festgebunden sind. Hier findet sich also wieder eine antithetische Verbindung: die Verlockung durch den Partner steht dem eigenen Festgebundensein gegenüber. Unerreichbar ist das Zusammensein/-bleiben auch deswegen, weil es eine gewisse Gefahr birgt: Die Sirenen lockten der Mythologie nach Seeleute mit ihrem Gesang an, um sie dann zu töten. Die Liebenden wissen also, dass die Verlockung, die von ihrem Partner ausgeht, auch Gefahr mit sich bringen kann. Wie diese sich genau manifestiert, wird später deutlich. Man könnte auch sagen, das Paar wird von einer gewissen Verpflichtung abgehalten, zusammen zu sein, irgendetwas hält sie fest und hält sie zurück. Der Mast wird somit wieder zur Metapher für eine Pflicht, die erfüllt werden muss und in diametralem Gegensatz zum Wunsch der Liebenden stehen, vereint zu sein. Insgesamt können die Antithesen in der Anfangsstrophe als Ausdruck des Zwiespalts der Verliebten gewertet werden: Sie stehen zwischen Pflicht und Neigung, zwischen Gehen und Bleiben, zwischen der Wahrnehmung der Verlockung und dem Unvermögen, dieser nachzugeben.

Die zweite Strophe beschreibt eingangs den Schmerz, die die Liebenden angesichts des nahenden Abschieds fühlen; ausgedrückt wird dieser durch den Vergleich „arder como la vela" (V. 5). Die Liebenden brennen also vor Qual, den anderen verlassen zu müssen. Diese hier einführte Symbolik des Feuers findet sich auch noch an anderen Stellen des Sonetts. Im zweiten Teil des Verses wird deutlich, dass der Vergleich mit einer Kerze sich nicht nur auf das Fühlen des Trennungsschmerzes, welches durch das „Brennen" manifest wird, bezieht, sondern auch darauf, dass dieses Leid die Partner vollständig übermannt, von ihnen Besitz ergreift und ihnen so sehr zusetzt, dass er sie „verzehrt" (V. 4). Ebenso wie einen Kerze beim Brennen weniger wird und von der Flamme „aufgefressen" wird, so raubt der Schmerz den Verliebten jegliche Lebenskraft und schwächt sie.